빈센트
반 고흐

베네딕트 르 로아러 글 · 피에르 반 호브 그림 | 이세진 옮김

어려운 아이

빈센트 반 고흐는 1853년 3월 30일 **네덜란드**의 작은 마을에서 태어났어요. 여섯 남매 중 첫째였지요! 아버지가 기독교의 가르침을 전하는 목사였기 때문에 빈센트네 가족은 교회 옆 작은 집에서 소박하게 살았어요.

빈센트는 조용한 아이였지만 이따금 화를 잘 냈고, 사람들과 잘 어울리지 못했어요.
다행히 동생 테오와는 마음이 잘 맞았어요. 테오는 형을 잘 보듬고 달래 주었지요. 형제는
들판에 나가 뛰어놀거나 그림을 그렸고, 함께 통나무집을 만들고 별을 보기도 했어요.

빈센트는 책 읽기와 그림 그리기를 좋아했지만 학교와는 잘 맞지 않았어요.
부모님은 빈센트가 열여섯 살이 되자 네덜란드의 정치·경제 중심지인 헤이그로
보냈어요. 그는 삼촌이 운영하는 **화랑***에서 그림 사고파는 일을 배웠지요.

1870년

화랑 일이 좋아!

빈센트는 화랑에서 일하는 것을 좋아했어요. 삼촌이 하는 구필 화랑은 유럽 곳곳에 상점을 여럿 두고 있는 큰 회사에 속해 있었지요.

빈센트는 멋진 그림과 판화*에 마음을 온통 빼앗겼어요. 자신이 사랑하는 루벤스, 코로, 들라크루아 같은 **위대한 화가들의 작품을 보고 또 보았답니다.**

그는 여전히 책을 많이 읽었고, 점점 더 자주 그림을 그렸어요. 헤이그 거리와 그곳을 지나가는 사람들을 그리곤 했지요.

한편 그는 멀리 떨어진 동생 테오가 너무 보고 싶었어요. 자신이 경험하고 느낀 것을 동생과 함께 나누고 싶었거든요. 빈센트는 동생에게 자주 편지를 쓰고 그림도 그려서 보냈어요. 자기가 어떻게 지내고 어떤 그림을 좋아하는지 이야기했지요.

1877년

아픔을 딛고 성장

성실하게 일하던 빈센트는 헤이그 화랑의 추천을 받고 영국의 수도 런던에 있는 화랑에서 일하게 되었어요. 그러나 그곳에서 첫사랑에게 거절당하는 크나큰 아픔을 겪었지요. 그는 일에 대한 의욕을 잃어버렸어요. 빈센트는 결국 화랑에서 쫓겨나고 말았어요!

스물세 살이 된 빈센트는 변변찮은 잡일로 겨우 살아갔어요. 이 시기에 기독교의 가르침을 담은 성경을 읽으면서 아픔을 달래고 위로를 받았지요. 그는 아버지처럼 목사가 되기로 결심했어요. 가족들도 격려하며 응원했지만, 그는 신학 대학 입학시험을 통과하지 못했지요.

그러나 빈센트는 여전히 세상에 도움이 되는 사람이 되고 싶었어요. 그는 스물다섯 살에 **혼자 벨기에로 가서 기독교의 가르침을 전했어요.** 그곳 사람들과 2년간 함께하며 고된 노동에 지친 가난한 이들을 자주 그렸지요.

1880년

화가가 될 거야!

빈센트는 벨기에에서 몸과 마음을 다해 교회 일을 했지만 결국 정식으로 전도사*가 될 수 없었어요. 스물일곱 살이 되었지만 무엇을 하며 살아야 할지 막막했지요. 그는 마침내 **화가가 되기로 마음먹었어요.** 그리고 네덜란드로 돌아가 열심히 그림을 그리기 시작했지요!

빈센트는 오로지 그림을 그리고 다른 화가들의 작품을 감상하는 데만 힘을 쏟았어요. 자기가 특히 좋아했던 프랑스 화가 밀레의 작품을 따라 그리며 연구했지요. 밀레처럼 자연에서 흙을 일구는 농부들을 그리고 싶었거든요. 안타깝게도 가족들은 화가가 되겠다는 빈센트를 반기지 않았어요! 오직 동생 테오만 형을 지지해 주었지요.

빈센트 반 고흐는 여기서 네덜란드의 가난한 시골 마을 농부들을 그렸어. 어두운 색채로 소박하고 진실한 삶을 담았지. 이 그림을 자신의 대표작이라고 생각했대.

가장 앞쪽의 어린 소녀는 어둠 속에서 뒷모습만 보여. 그림을 보는 이가 이 소녀와 같은 자리에서 그림 안으로 빠져들기를 바란 것 같지?

「감자 먹는 사람들」
1885년, 캔버스*에 유채*, 82×114cm, 반 고흐 미술관, 네덜란드 암스테르담

1886년

파리에서 만난 인상파

혼자 그림을 공부하며 수백 점을 그리는 몇 년 사이에 빈센트의 실력은 크게 발전했어요!

서른세 살이 된 빈센트는 동생 테오가 있는 파리로 갔어요. 테오의 도움으로 폴 고갱 같은 화가들을 사귀었지요. 그는 빛이 가득한 **인상파***의 그림에 사로잡혔어요. 피사로와 모네 같은 인상파 화가들은 빛에 따라 변하는 순간적인 인상과 색채를 표현했고, 이들의 그림은 많은 사람들의 관심거리였지요!

빈센트는 곧 인상파 화가들처럼 그림을 그리기 시작했어요. 빛을 담은 밝은색을 찍은 붓을 짧게 놀리는 방식으로요. 모델을 구할 돈이 없는 빈센트는 자기 모습을 담은 자화상*을 많이 그렸지요!

이 자화상에서 그는 자기를 있는 그대로 그렸어. 다소 슬프고 불안해 보여.

이름 없는 화가였던 빈센트 반 고흐는 그림 상인이 된 테오가 보내 주는 돈으로 겨우 먹고살았어.

「펠트 모자를 쓴 자화상」
1887년, 캔버스에 유채, 44.5×37.2cm, 반 고흐 미술관, 네덜란드 암스테르담

1887년

너그러운 물감 장수

파리에서 빈센트는 **일본 미술**의 매력에 빠졌어요. 일본 판화의 단순한 구성과 섞이지 않은 원색*을 보며 많은 영감을 받았지요!

한편 테오가 아무리 팔아 보려고 해도 빈센트의 그림을 사는 사람은 없었어요. 빈센트는 식사를 제때 하기 힘들 만큼 형편이 어려웠지요. 그래도 너그러운 물감 장수 **탕기 영감**이 재료 값 대신 그림 몇 점을 받아 주는 식으로 그를 도와주었어요. 그림의 모델도 서 주었고요.

빈센트는 지치고 힘이 빠졌어요. 결국 아무도 자기를 알아주지 않는 대도시 파리를 떠났지요.

14

빈센트 반 고흐는 이 그림에서 자기와 친했던 쥘리앵 탕기를 현명한 노인으로 그렸어. 배경에 있는 일본 사람과 풍경이 보이니? 그는 일본 판화를 모아서 자기 작업실에 걸어 두기도 했어.

「탕기 영감」
1887년, 캔버스에 유채, 92×75cm, 로댕 미술관, 프랑스 파리

1888년

노란 집

빈센트는 프랑스 남부의 햇빛 찬란한 풍경을 찾아갔어요. 1888년에 부푼 희망을 안고 **아를**에 도착했지요. 처음에는 작은 하숙집에서 머물다가 그림 그릴 공간이 있는 큰 집으로 옮겼어요. 그리고 그 집을 자기가 제일 좋아하는 노란색으로 칠했어요.

그는 다른 화가들도 아를에 와서 함께 지내며 그림을 그리기를 꿈꾸었어요. 그래서 친구 고갱이 와서 쓸 방도 준비했답니다.

어서 와! 빈센트 반 고흐의 방에 온 것을 환영해! 이 집은 그의 작업실이자 휴식 공간이었어. 그가 직접 그리거나 화가 친구들과 주고받은 그림이 걸려 있었지. 방 전체가 따뜻하고 부드러운 색으로 그려져 평화와 휴식을 느끼게 해.

「아를의 고흐의 방」
1889년, 캔버스에 유채, 57.3×73.5cm, 오르세 미술관, 프랑스 파리

1888년

빈센트는 뙤약볕이 이글거려도 매일 그림을 그리러 밖으로 나갔어요. 그도 인상파처럼 들판에서 자연의 풍경을 그리고 싶었거든요.

프랑스 남부의 빛은 북쪽의 네덜란드나 대도시인 파리의 하늘을 덮은 창백한 회색과는 완전히 달랐어요. 들판, 꽃, 풀 등 자연의 생생한 색을 온전히 끌어내는 빛이었지요!

빈센트는 그리고 싶은 빛이 가득한 새로운 낙원을 친구 고갱과 함께할 생각에 기쁘고 마음이 바빴어요. 고갱이 쓸 방에 걸기 위해 커다란 **해바라기** 그림도 그렸지요.

빈센트 반 고흐는 여름을 대표하는 이 큰 꽃을 좋아했어.
그가 남긴 해바라기 그림은 모두 일곱 점이야. 조금씩
다르긴 하지만 모두 밋밋한 배경과 소박한 꽃병을 그렸어.
둘 다 뜨겁게 타오르는 색깔의 해바라기를 돋보이게 하지.

「해바라기」
1889년, 캔버스에 유채, 95×73cm, 반 고흐 미술관, 네덜란드 암스테르담

1888년

빈센트는 늘 **파란 밤하늘과 그 위에 빛나는 별**을 즐겨 그렸어요. 그는 저녁이면 아를의 거리를 산책했어요. 가로등 밑이나 카페에서 그림을 그리기도 했지요. 하숙집 주인인 지누 부인이나 우체부 룰랭 같은 이들은 그를 위해 모델을 서 주기도 했어요.

하지만 잘 모르는 다른 지방에서 온 데다가 낡아 빠진 옷차림으로 늘 이상한 그림만 그려 대는 빈센트를 겁내는 마을 사람들도 많았지요.

여기서 빈센트 반 고흐는 아를 광장의 카페테라스에서 퍼져 나오는 따뜻하고 선명한 빛을 그렸어.

그는 밤을 표현할 때 검은색 대신 진한 파란색을 썼어. 별은 그 위에 흰색과 노란색으로 점점이 뿌려져 있지.

「밤의 카페테라스(포룸 광장)」
1888년, 캔버스에 유채, 80.7×65.3cm, 크뢸러 뮐러 미술관, 네덜란드 오테를로

1888년

고갱과 싸우다

1888년 가을에 드디어 **고갱**이 아를에 도착했어요! 빈센트는 그를 반가이 맞이했지요. 둘이 함께 굉장한 그림을 그려 낼 거라고 생각했어요.

두 화가는 서로 영감을 주고받았어요. 그림 연구를 함께하고, 작품을 서로 선물하기도 했지요. 하지만 두 사람은 너무나 달랐어요. 빈센트는 금세 고갱의 성격과 고갱이 하는 비판을 참을 수 없게 되었지요!

하루는 둘이 대판 싸우고 고갱이 집을 나가 버렸어요. 빈센트는 화가 나서 제정신이 아니었지요. 그는 면도칼을 들고 자신의 한쪽 귀를 잘랐어요.

여기서 빈센트 반 고흐는
자신을 실망하고 상처받고
희망이 없는 지친 모습으로 그렸지.

우울하고 공허한 눈빛을 봐.
모자의 파란색과 외투의
초록색은 둘 다 차가운 색이야.
그림에 슬픈 느낌을 더해 주지.

「귀에 붕대를 맨 자화상」
1889년, 캔버스에 유채, 60×49cm, 코톨드 갤러리, 영국 런던

1889년

마음의 병을 치료하기 위해

우울에 시달리던 빈센트는 **마음의 병**이 깊어졌어요. 감정을 다스리기가 점점 더 힘들어졌지요.

그는 아를과 가까운 **생레미드프로방스**에 있는 정신 병원에 들어가 치료를 받기로 했어요. 빈센트는 이곳에서 안정을 찾았어요. 병원에서 치료받는 동안 그림을 그리러 밖에 나갈 수도 있었거든요.

심지어 밤에 나가서 별을 그릴 수도 있었지요. 그는 일렁이는 빛의 효과를 그림으로 표현하기 위해 촛불을 여러 개 세워 놓은 밀짚모자를 쓰고 작업하기도 했어요!

이 그림 속 모든 것이 움직이는 것처럼 보여! 하늘은 거친 바다처럼 소용돌이치고 있지. 빈센트 반 고흐가 그린 별은 도시 위에서 보석이 작은 태양처럼 빛나는 것 같아.

「별이 빛나는 밤」
1889년, 캔버스에 유채, 73.7×92.1cm, 뉴욕 현대 미술관, 미국 뉴욕

1889년

다정한 자연의 위로

생레미드프로방스의 병원은 빈센트가 마음을 달래며 쉴 수 있는 곳이었어요. 그는 병과 싸워 이기겠다는 마음으로 열심히 그림을 그렸지요. 1년도 안 되는 기간 동안 무려 140여 점을 그렸답니다!

병원에서 빈센트는 의사나 다른 환자의 초상화를 많이 그렸어요. 하지만 그에게 **가장 큰 위로가 된 것은 자연**이었어요. 나무나 꽃을 관찰하다 보면 시간이 어떻게 가는지도 몰랐지요.

빈센트는 붓꽃, 사이프러스, 올리브나무, 아몬드 나무 그리는 것을 특히 좋아했어요. 그는 자기가 좋아하는 일본 미술 작품에서 사람을 그린 방식대로 검은색으로 테두리를 둘러 이 식물들을 그렸지요.

동생 테오는 이 그림을 무척 좋아했어. 생명력이 가득한 꽃 모양과 선명한 색에 마음을 빼앗겼지! 이 작품을 꼭 파리에서 전시하겠다고 마음먹었대.

빈센트 반 고흐는 꽃잎의 강렬한 파란색을 돋보이게 하려고 붓꽃의 줄기와 긴 잎사귀를 연한 초록색으로 칠했어.

「붓꽃」
1889년, 캔버스에 유채, 74.3×94.3cm, 장 폴 게티 미술관, 미국 로스앤젤레스

1890년

밀레에게 존경을

생레미드프로방스 병원 주위의 들판에서 빈센트는 농부들을 다시 보게 됐어요. 이전에는 농부를 즐겨 그리곤 했지요. 빈센트는 자기처럼 열심히 일하는 순박한 사람들이 가깝게 느껴졌어요.

그래서 올리브를 따거나 밀을 수확하느라 **바쁜 농부들을 자주 그렸어요.** 그가 그려 낸 농부들의 모습은 생레미드프로방스의 찬란한 자연과 하나로 보이지요!

빈센트 반 고흐는 자기가 대가로 손꼽는 밀레의 그림에서 영감을 받아 이 작품을 그렸어. 여름 끝자락에 곡식을 거두는 추수가 끝날 무렵, 일에 지친 농부들이 커다란 건초 더미 그늘에서 잠시 눈을 붙이고 있는 모습이야.

「낮잠(밀레의 작품 모사*)」
1889-1890년, 캔버스에 유채, 73×91cm, 오르세 미술관, 프랑스 파리

1890년

북쪽의 한적한 마을

1890년 5월, 서른일곱 살이 된 빈센트는 건강이 많이 좋아져 생레미드프로방스의 병원에서 나왔어요. 하지만 얼마 지나자 다시 불안이 심해졌어요. 어디로 가야 할지 막막한 심정이었지요.

그는 테오의 말을 듣고 파리의 북서쪽에 있는 한적한 마을 **오베르쉬르우아즈**로 가기로 했어요. 그 마을에 폴 가셰 박사라는 정신과 의사가 있다는 이야기도 들은 참이었고요.

빈센트는 오베르쉬르우아즈에 도착하자마자 방을 작업실로 꾸미고 새로운 마을의 풍경을 그리기 시작했어요. 프랑스의 남부만큼 태양이 강렬하게 빛나진 않았지만, 그는 조용한 시골 마을이 마음에 들었어요.

그는 자기 안에 들끓는 모든 것을 이 그림에 표현했어. 굵은 붓으로 소용돌이를 그리는 듯한 붓놀림 덕분에 교회가 불꽃처럼 움직이는 것 같아!

빈센트 반 고흐는 오베르쉬르우아즈의 풍경을 보며 북쪽에 있는 고향 네덜란드를 떠올렸지.

「오베르쉬르우아즈 교회」
1890년, 캔버스에 유채, 93×74.5cm, 오르세 미술관, 프랑스 파리

1890년

새로운 친구 가셰 박사

오베르쉬르우아즈에서도 빈센트는 쉬지 않고 그림을 그렸어요. 두 달 동안 70여 점을 완성했지요!

그곳에서 만난 **폴 가셰 박사**는 빈센트에게 불안을 다스리기 위해 그림에 온 정신을 쏟으라고 이야기했어요. 그는 실제로 어느 정도 마음이 편안해졌지요.

가셰 박사는 금세 빈센트와 친구가 되었어요. 빈센트를 곧잘 자기 집으로 초대해 그림 이야기를 나누기도 했어요. 취미로 그림을 그리던 가셰 박사는 르누아르, 피사로, 세잔, 모네 등 인상파의 작품도 수집했어요. 빈센트는 자기 그림을 여러 점 그에게 선물했지요.

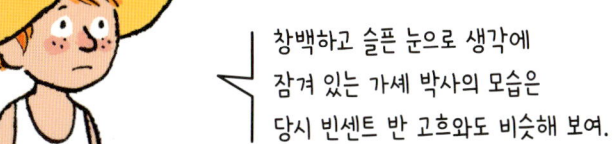

빈센트 반 고흐는 가셰 박사의 초상화를 두 점 그렸어. 가셰 박사는 그도 잘 아는 인상파 화가들과 친했지.

창백하고 슬픈 눈으로 생각에 잠겨 있는 가셰 박사의 모습은 당시 빈센트 반 고흐와도 비슷해 보여.

「폴 가셰 박사」
1890년, 캔버스에 유채, 68.2×57cm, 오르세 미술관, 프랑스 파리

1890년

마지막 순간들!

빈센트는 매일 새로운 그림을 완성하고 또 다른 그림을 시작할 만큼 그림에 매달렸어요. 하지만 그의 상태가 또다시 나빠졌지요.

어느 화창한 여름날, 빈센트는 그림을 그리러 들판에 나갔다가 심하게 다쳐서 돌아왔어요.

테오와 가셰 박사도 더는 손쓸 도리가 없었어요.

이틀 뒤 빈센트는 숨을 거두었어요. 세상은 아직 그의 그림을 이해하지 못했지요.

그가 살아 있을 때 팔린 그림은 단 한 점밖에 없었답니다!

빈센트 반 고흐가 살아 있는 동안 유일하게 팔린 작품이야. 아를에서 그린 것으로, 포도를 수확하는 사람들의 모습을 담고 있어. 생동감이 넘치는 색 좀 봐! 훗날 등장하는 야수파*의 그림 같아 보이기도 해.

「아를의 붉은 포도밭」
1888년, 캔버스에 유채, 73×91cm, 푸시킨 미술관, 러시아 모스크바

2000년대

세상에서 가장 사랑받는 화가

빈센트 반 고흐는 안타깝게도 살아 있는 동안에는 화가로서 인정받지 못했어요. 그림이 지나치게 부자연스럽다는 평가를 받았지요. 게다가 그는 세상 사람들과 잘 어울리지 못하는 정신이 이상한 화가라는 말을 들었어요.

하지만 열정적인 화가 고흐는 그림을 혼자 배우고 익혔고, 고작 10년 남짓한 시간 동안 **800점이 넘는 유채 그림**과 **1500점이 넘는 데생***을 남겼답니다!

그가 죽고 나서 얼마 후, 테오는 파리에서 빈센트 반 고흐 전시회를 열었어요. 당시 이름난 화가인 모네도 그의 작품을 보고 감탄했지요. 평론가와 그림 상인들도 차차 그의 재능을 알아보기 시작했어요. 빈센트 반 고흐의 그림은 점점 비싸졌고, 경매를 통해 팔리는 가장 비싼 그림 중 하나가 되었어요! 그는 이제 전 세계에서 가장 사랑받는 화가랍니다.

빈센트 반 고흐의 작품을 볼 수 있는 곳

프랑스, 영국, 미국, 러시아, 심지어 일본에서도 빈센트 반 고흐의 작품을 볼 수 있어요!

하지만 뭐니 뭐니 해도 그의 조국 네덜란드에서 가장 많은 작품을 볼 수 있지요.
암스테르담에는 반 고흐의 유채 그림 200점, 데생 500점 이상을 소장한
반 고흐 미술관이 있답니다! 이곳에서 그가 평생에 걸쳐 동생 테오와 주고받은
편지 800통 중 일부도 볼 수 있어요.

프랑스에는 파리 오르세 미술관에 빈센트 반 고흐의 유명한 작품이 많이 있어요.
오베르쉬르우아즈에는 그가 마지막으로 묵었던 작은 여관방이 남아 있고,
아를에는 반 고흐 재단의 작은 미술관이 있답니다.